小さくても仕立ては本格的

大人の着せ替え布人形

Quoi?Quoi?
コアコア

LOLO（ロロ）と NORMA（ノーマ）のワードローブ

はじめに

コアコアは、いつもは人間の服を作っています。
でも、いつか人形と人形の服を作りたいなって、ずっと思っていました。
そんな夢がかなうって、うれしい。
小さいサイズのお洋服を縫うのも、楽しいですよ。
金髪のLOLOと、オッドアイのネコのNORMA。
カラダのサイズは同じなので、どの服もふたりに着せてあげられます。
同じ型紙で布を替えたり色を替えたり、お揃いにしたり。
たくさん作ってあげてくださいませ。

久文麻未
三代朝美(Quoi?Quoi?)

LOLOとNORMAのワードローブ　4 - 32

HOW TO MAKE　33
LOLO　34
NORMA　34

A　白いTシャツ　42
B　フレア袖のボーダーシャツ　44
C　丸衿のブラウス　46
D　シンプルなボーダーシャツ　48
E　ジーンズ　50
F　カラーパンツ　49
G　アロハシャツ　56
H　アロハパンツ　56
I　オーバーオール　52
J　レースのワンピース　58
K　ビーチサンダル・バレエシューズ・ブーツ　55
L　ダッフルコート　60
M　ブラックドレス　63
N　ステンカラーコート　66
O　刺しゅうのワンピース　69
P　バッグ　72
Q　浴衣と帯　74
R　キャミソールとショーツ　78
S　ティアードスカート　73

LOLO p.34

白いTシャツ p.42
カラーパンツ p.49
バレエシューズ p.55
バッグ p.72

白いTシャツ p.42

B
フレア袖のボーダーシャツ p.44

Back

フレア袖のボーダーシャツ p.44
アロハパンツ p.56
ブーツ p.55

NORMA p.34

丸衿のブラウス p.46
アロハパンツ p.56
ブーツ p.55

丸衿のブラウス p.46

D
シンプルなボーダーシャツ p.48

ジーンズ p.50
ステンカラーコート p.66

シンプルなボーダーシャツ p.48
オーバーオール p.52

ジーンズ p.50

Back

カラーパンツ p.49

アロハシャツ p.56
アロハパンツ p.56
ビーチサンダル p.55

Back

アロハシャツ p.56

H

アロハパンツ p.56

I
オーバーオール p.52

白いTシャツ p.42
オーバーオール p.52

J

レースのワンピース p.58

K

ビーチサンダル p.55
バレエシューズ p.55
ブーツ p.55

ダッフルコート p.60

ダッフルコート p.60
ジーンズ p.50

ブラックドレス p.63
バレエシューズ p.55

Back

M

ブラックドレス p.63

N
ステンカラーコート p.66

ステンカラーコート p.66
ジーンズ p.50

刺しゅうのワンピース p.69

バレエシューズ p.55

バッグ p.72

白いTシャツ p.42
ビーチサンダル p.55
バレエシューズ p.55

浴衣と帯 p.74

浴衣と帯 p.74
ビーチサンダル p.55

キャミソールとショーツ p.78

キャミソールとショーツ p.78

ティアードスカート p.73

白いTシャツ p.42
ブーツ p.55

HOW TO MAKE

◎図中の数字の単位はすべてcmです。
◎付録の実物大型紙は縫い代つきです。外郭線が切り取り線、内郭線が出来上がり線です。
　また直線のパーツには型紙がありません。こちらは裁ち合わせ図中の寸法を参照して
　型紙を作るか、または布に直接線を引いて裁断してください。
◎印つけは裁断後、布の間にチョークペーパーをはさんでルレットで印をつけます。
◎縫い代はロックミシンかジグザグミシン、あるいはほつれ止め液を使って始末します。
◎材料の用尺00×00cmはよこ×たてです。

LOLO（ロロ）
NORMA（ノーマ）

実物大型紙 p.39〜p.41

○ 材料

LOLO
麻の布…100×40cm
モヘアウールの並太毛糸（ブロンド色）…65m以上必要
化繊わた…適量
直径0.8cmのボタン…各2個
25番の刺しゅう糸（3色・2本どり）…適量
＊刺しゅう糸の色はモスグリーン、ターコイズブルー、レッド

NORMA
麻の布…100×40cm
別布（麻・ピンク）…20×8cm
化繊わた…適量
直径0.8cmのボタン…各2個
25番の刺しゅう糸（5色・2本どり）…適量
＊刺しゅう糸の色は深ブルー、スカイブルー、イエロー、ピンク、レッド

○ 作り方順序
1. 顔の刺しゅうをする
2. 頭を作り、わたを詰める
   NORMAは耳を作り、はさんで縫う
3. 胴体を作る
4. 胴体に頭を縫いつける
5. 足を作り、胴体に縫いつける
6. 手を作り、胴体にボタンで縫いつける
7. 髪の毛をつける

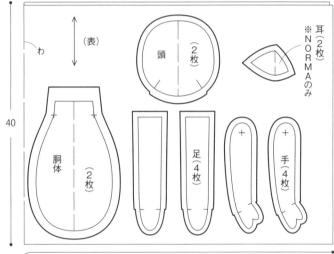

○ 裁ち合わせ図（LOLOとNORMA共通）

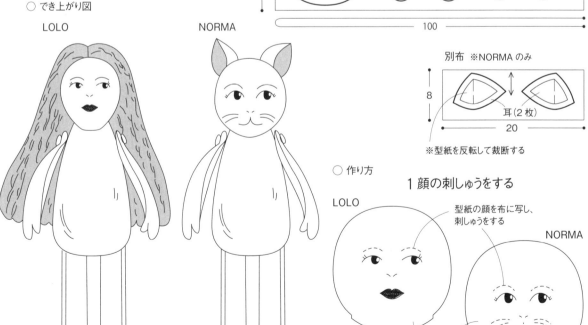

○ でき上がり図

LOLO　　NORMA

○ 作り方

1 顔の刺しゅうをする

LOLO

型紙の顔を布に写し、刺しゅうをする

NORMA

頭（表）

2 頭を作り、わたを詰める。NORMA は耳を作り、はさんで縫う

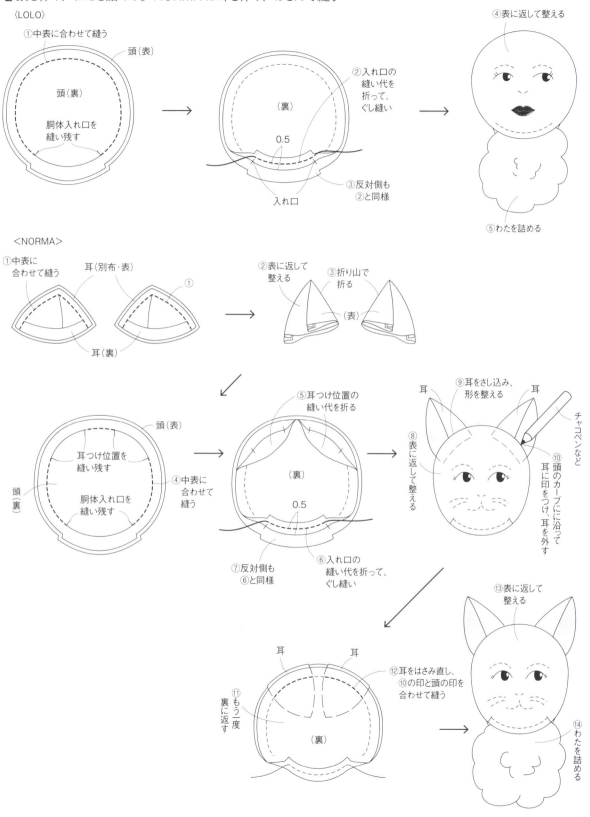

3 胴体を作る

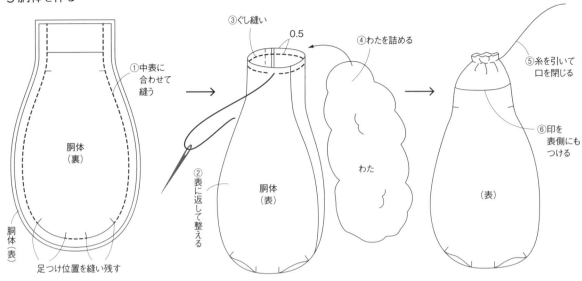

4 胴体に頭を縫いつける

5 足を作り、胴体に縫いつける

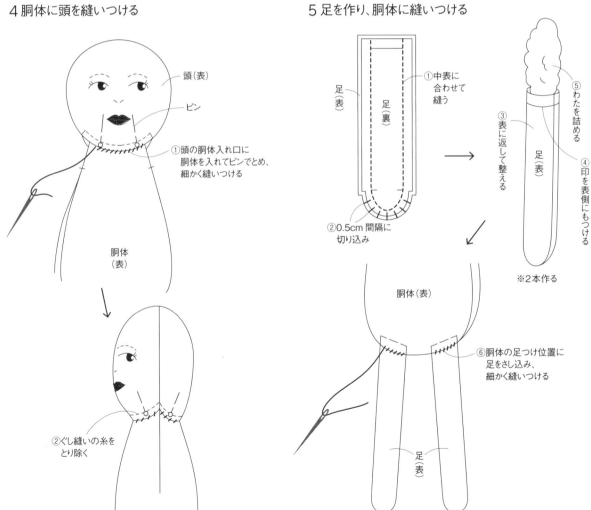

6 手を作り、胴体にボタンで縫いつける

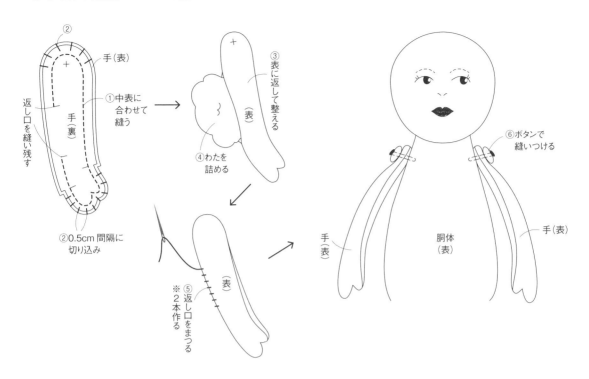

7 髪の毛をつける

[髪の毛を用意する]
① 長さ65cmの毛糸を100本用意する
② 100本の髪の毛を分ける

```
1束目  22本
2束目  34本
3束目  34本
縫い糸用 10本
```

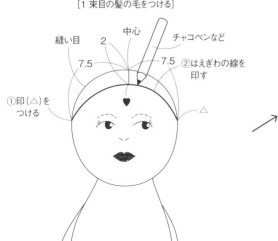

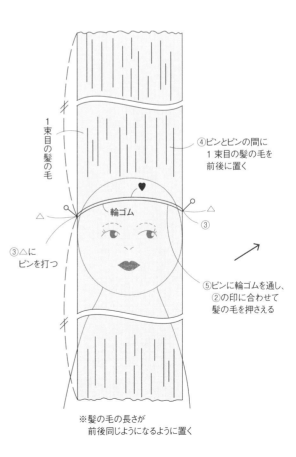

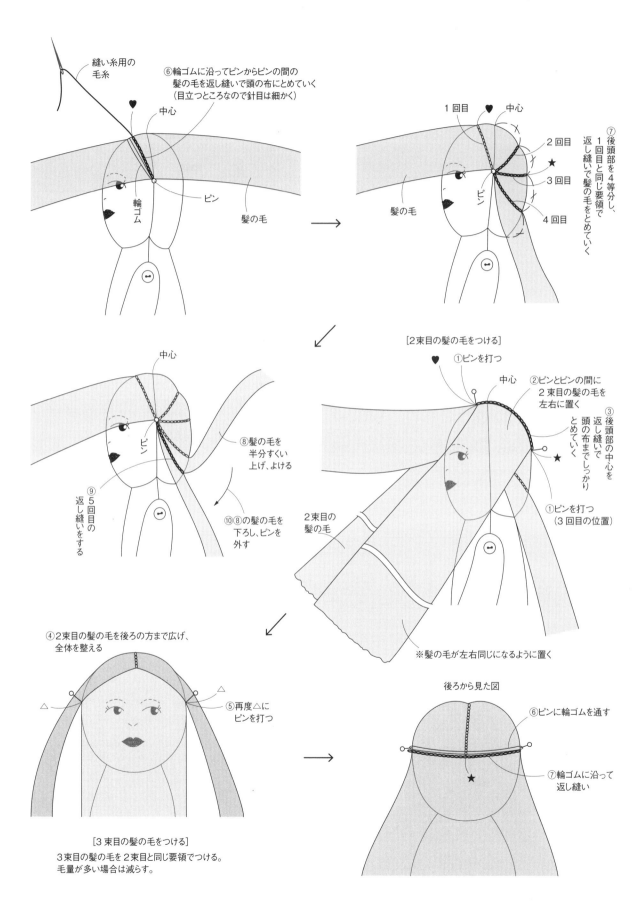

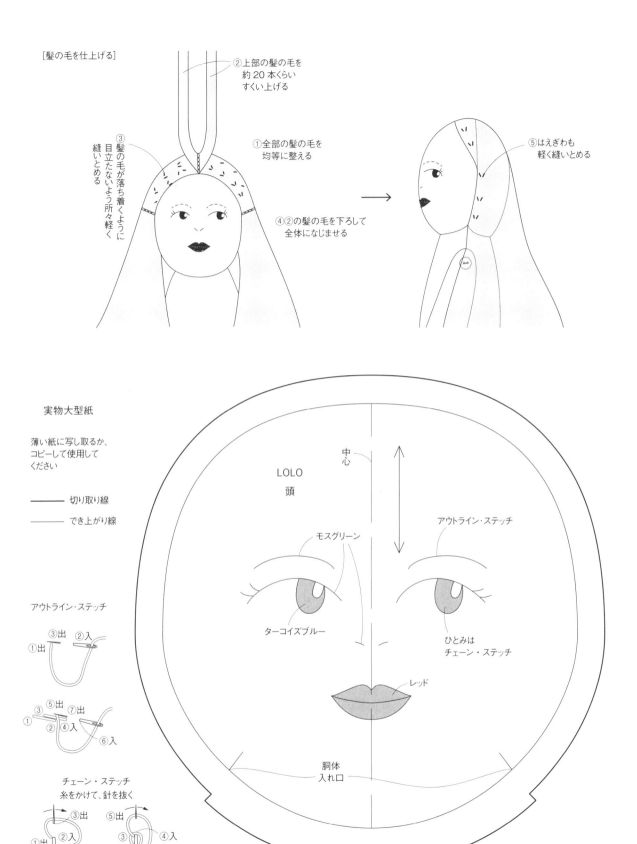

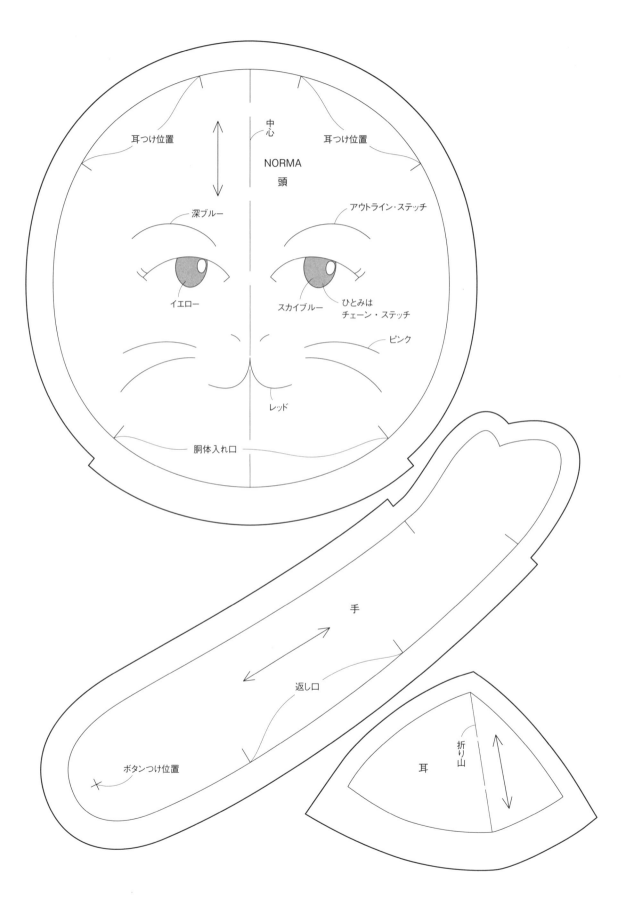

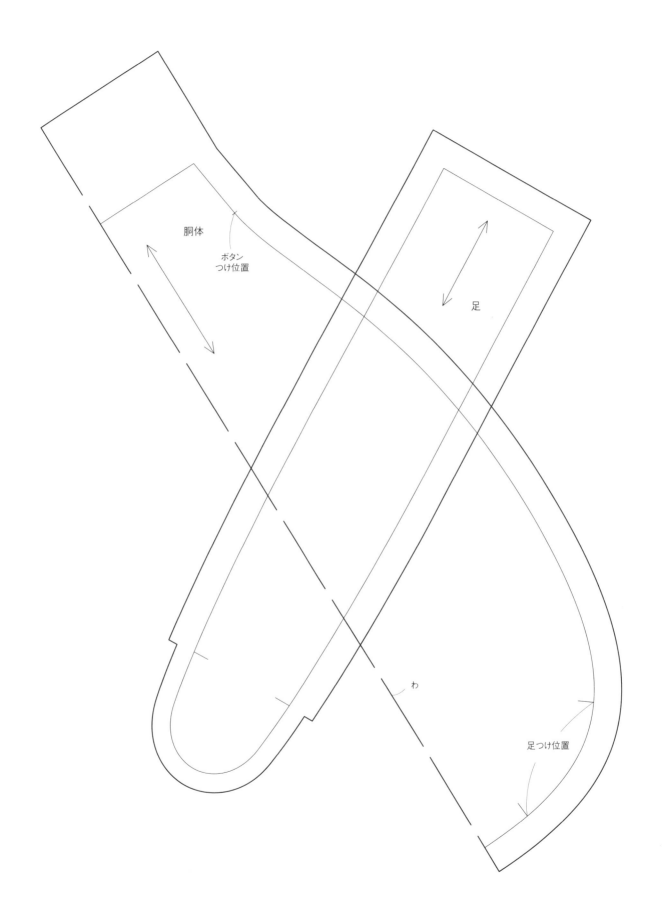

A 白いTシャツ (p.4, p.5, p.17, p.27, p.32) 型紙A面

○ 材料
綿のスムースニット…65×20cm
直径0.7cmのスナップボタン…4組
25番の刺しゅう糸(レッド・2本どり)…適量

○ 作り方順序
1 前身頃に刺しゅうをする
2 肩を縫う
3 袖口を始末し、袖をつける
4 袖下から脇を続けて縫う
5 後ろ身頃の端を始末し、
  衿ぐりと裾を始末する
6 スナップボタンをつける
  (でき上がり図参照)

○ 裁ち合わせ図

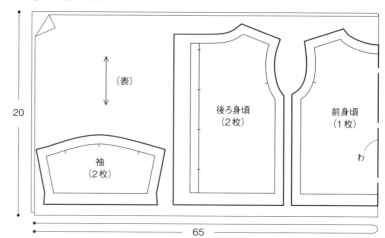

○ でき上がり図

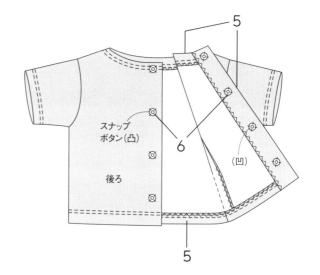

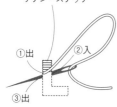

実物大の刺しゅう図案

○ 作り方

1 前身頃に刺しゅうをする

2 肩を縫う

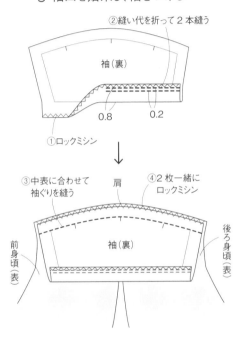

3 袖口を始末し、袖をつける

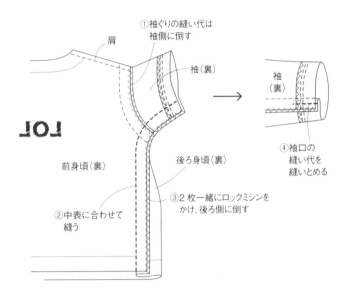

4 袖下から脇を続けて縫う

5 後ろ身頃の端を始末し、衿ぐりと裾を始末する

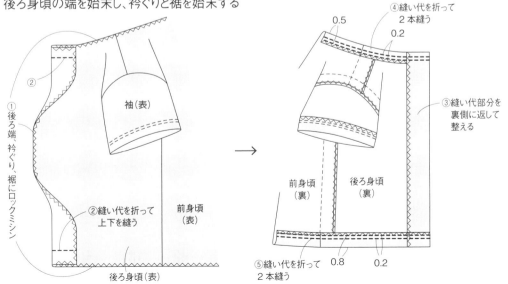

B フレア袖のボーダーシャツ (p.6, p.7) 型紙A面

○ 材料
綿のスムースニット(ボーダー柄)…95×25cm
0.6cm幅のリボン…23cmを2本

○ 作り方順序
＊この作品は縫い代端の始末をせず、布端は裁ち切りのままです。
　ほどけやすい布はあらかじめ布端にロックミシンをかける、または
　ほつれ止め液を使用します。

○ 裁ち合わせ図

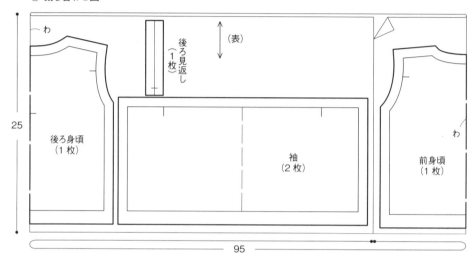

1　衿ぐりを始末する
2　後ろ身頃にリボンをつける
3　後ろ見返しをつけて、後ろあきを作る
4　肩を縫う
5　袖山にギャザーを寄せて、袖をつける
6　袖下から脇を続けて縫い、袖口と裾を始末する

○ でき上がり図

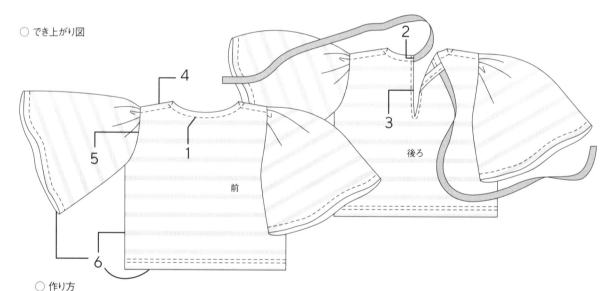

○ 作り方

1 衿ぐりを始末する

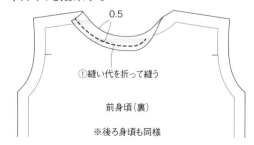

2 後ろ身頃にリボンをつける

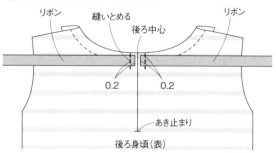

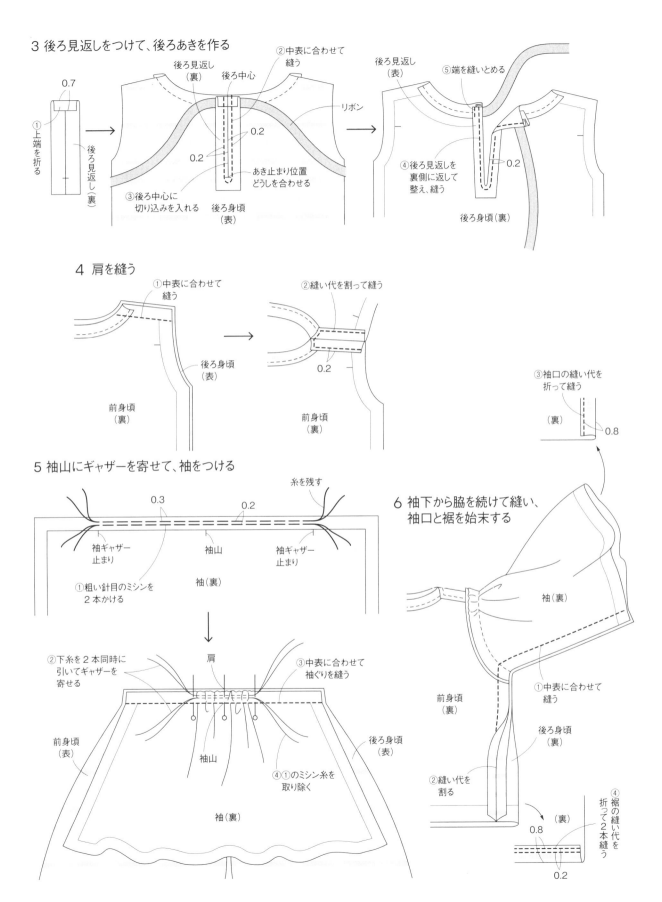

丸衿のブラウス (p.8, p.9) 型紙A面

○ 材料
コットンプリント…110×20cm
直径0.7cmのボタン…3個
直径0.6cmのスナップボタン…3組
0.6cm幅のゴムテープ…12cmを2本

○ 作り方順序
1 前裾を始末し、肩を縫う
2 袖山にギャザーを寄せて、袖をつける
3 袖下から脇を続けて縫い、袖口にゴムテープを通す
4 衿を作り、つける
5 裾を始末する
6 ボタンとスナップボタンをつける（でき上がり図参照）

○ 裁ち合わせ図

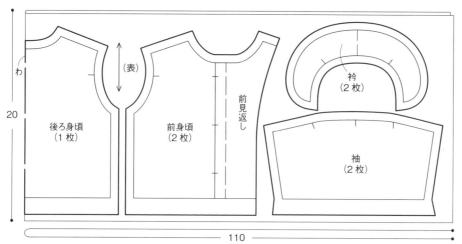

○ でき上がり図

○ 作り方

1 前裾を始末し、肩を縫う

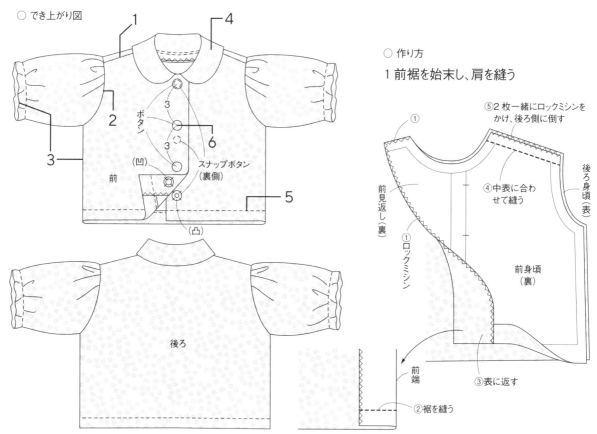

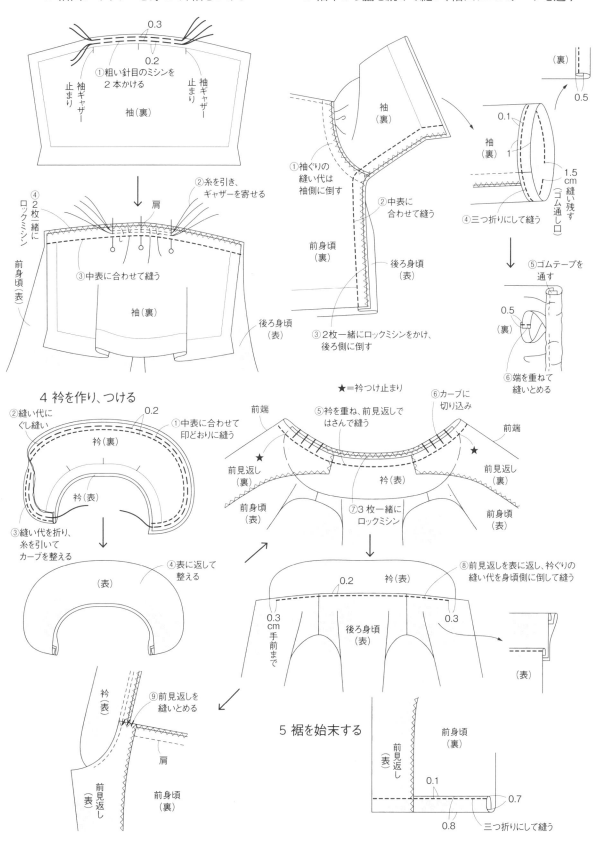

D シンプルなボーダーシャツ (p.10, p.11) 型紙A面

○ 材料
綿のスムースニット(ボーダー柄)…
　　70×20cm
直径0.7cmのスナップボタン…4組

○ 作り方順序
p.42の2〜6白いTシャツ参照。
衿ぐりと袖口、裾の始末は下図のでき上がり図参照。

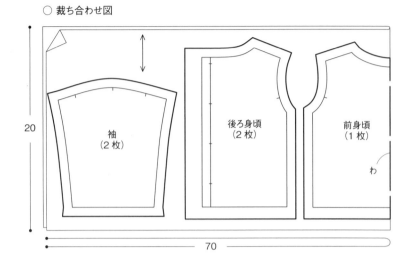

○ でき上がり図

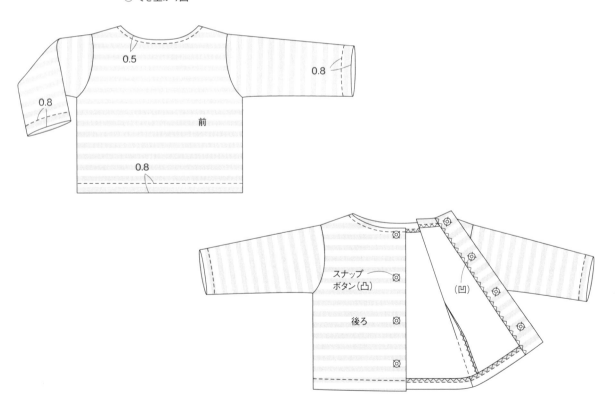

F カラーパンツ (p.4, p.13) 型紙A面

○ 材料
カラーリネン…50×30cm
1cm幅のゴムテープ…23cm

○ 作り方順序
1 ポケットを作り、つける
2 裾を始末する
3 股ぐりを縫う
4 股下を縫い、ウエストを始末する
5 ゴムテープを通す(p.57の3参照)

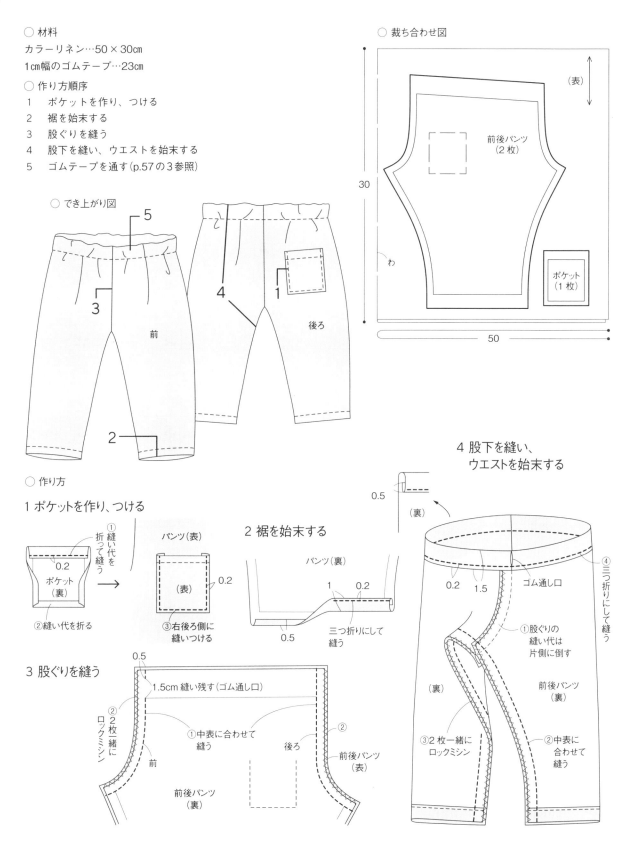

E ジーンズ (p.10, p.12, p.21, p.25) 型紙A面

○ 材料
デニム…65×30cm
直径0.7cmのカシメボタン…1個
直径0.3cmのスタッズ
　（アイロン接着タイプ）…4個
直径0.6cmのスナップボタン…1組
ステッチ糸（白）…適量

○ 作り方順序
1　飾りステッチをする
2　脇ポケットを作る
3　後ろポケットを作り、つける
4　前股ぐりを縫う
5　後ろヨークと後ろパンツを縫い合わせ、股ぐりを縫う
6　股下と脇を縫い、裾を始末する
7　ベルト布を作り、パンツと縫い合わせる
8　ベルト通しを作り、つける
9　カシメボタン、スタッズをつける
　（でき上がり図参照）

○ 裁ち合わせ図

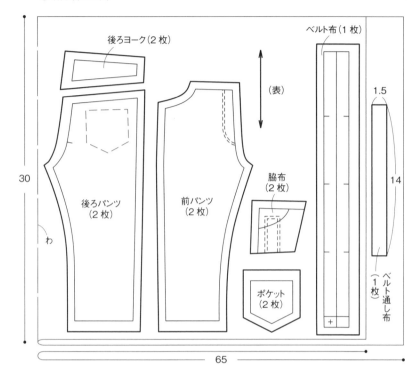

○ でき上がり図

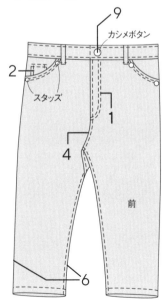

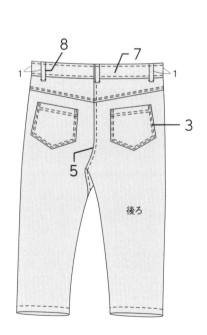

○ 作り方

1 飾りステッチをする

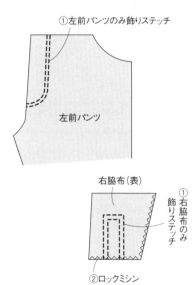

2 脇ポケットを作る

①縫い代を折って
ダブルステッチ
0.1
0.1
前パンツ（裏）

脇布（表）
0.5
0.5
前パンツ（表）
0.5
底はあいたまま
②ポケット口を重ねて仮どめする

3 後ろポケットを作り、つける

①三つ折りにして
ダブルステッチ
0.1　0.1　0.5
ポケット（裏）

（裏）
②縫い代を折る

0.1
0.2
③ダブルステッチで縫いつける
後ろパンツ（表）

※もう1枚も同様

4 前股ぐりを縫う

前パンツ（表）
②2枚一緒にロックミシンをかけ、左側に倒す
①中表に合わせて縫う
前パンツ（裏）

③ステッチ
前パンツ（表）
0.1
前パンツ（表）

5 後ろヨークと後ろパンツを縫い合わせ、股ぐりを縫う

①中表に合わせて縫う
②2枚一緒にロックミシンをかけ、ヨーク側に倒す
後ろヨーク（裏）
後ろパンツ（表）

③ダブルステッチ
0.2
0.1
※もう1枚も同様
④股ぐりにロックミシン
（表）

6 股下と脇を縫い、裾を始末する

④中表に合わせて脇を縫う
前パンツ（裏）
後ろパンツ（表）
①中表に合わせて股下を縫う
前パンツ（表）
0.1
③ステッチ
②2枚一緒にロックミシンをかけ、前側に倒す

⑤2枚一緒にロックミシンをかけ、後ろ側に倒す

⑤中表に合わせて縫う
あき止まり
後ろパンツ（裏）
後ろパンツ（表）

（裏）
0.1
0.5
0.5
⑥三つ折りにして縫う

⑥縫い代を割って片側にダブルステッチ
0.1
0.2
あき止まり
後ろパンツ（表）

51

7 ベルト布を作り、パンツと縫い合わせる

8 ベルト通しを作り、つける

I オーバーオール (p.11, p.16, p.17) 型紙A面

○ 材料
綿コーデュロイ…85×35cm
直径0.6cmのメタルボタン…2個
内径0.6cmの吊りカン…2個
直径0.6cmのスナップボタン…4組

○ 作り方順序
1 肩ひもをはさんで背当てを作る
2 前パンツの中心を縫い、胸ポケットと前ウエスト布をつける
3 ポケットを作り、つける(p.51の3参照。ただし、ポケット口はシングルステッチ)
4 後ろ股ぐりを縫い、背当てをはさんで後ろウエスト布をつける
5 脇布を作り、つける
6 脇と股下を縫い、裾を始末する
7 肩ひもに吊りカンをつける (でき上がり図参照)
8 メタルボタン、スナップボタンをつける (でき上がり図参照)

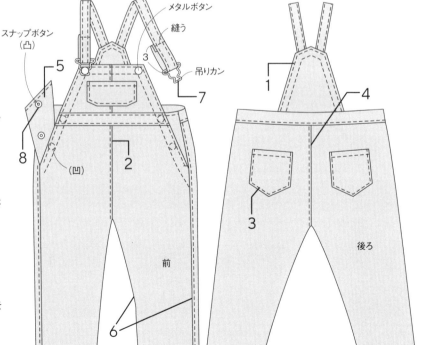

○ 裁ち合わせ図

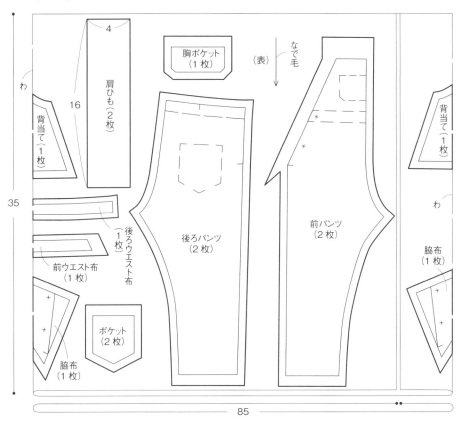

○ 作り方

1 肩ひもをはさんで背当てを作る

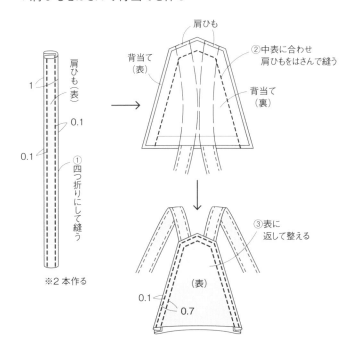

2 前パンツの中心を縫い、胸ポケットと前ウエスト布をつける

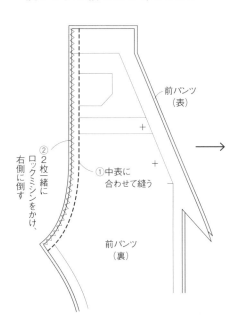

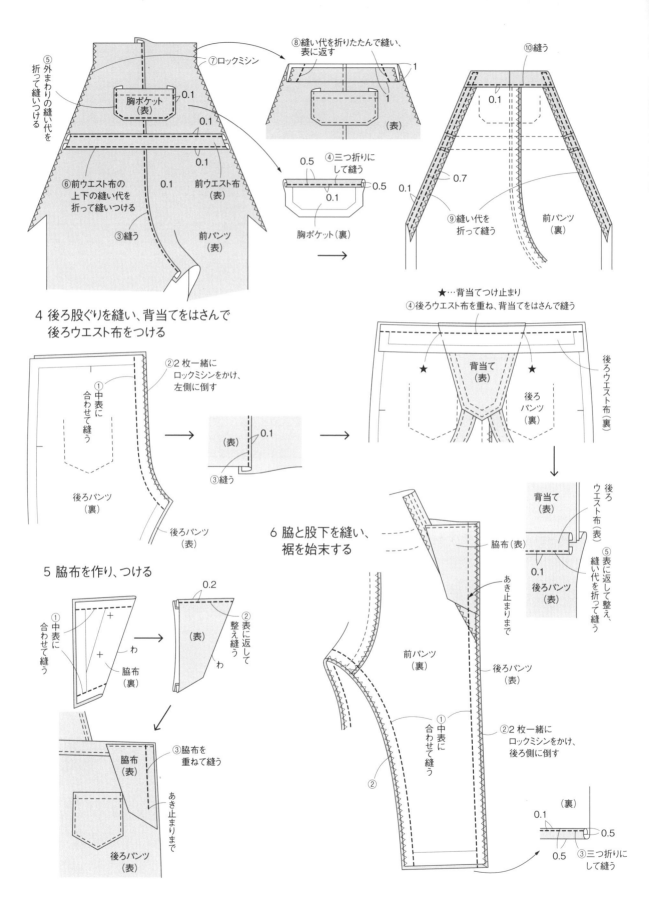

K ビーチサンダル (p.4, p.7, p.8, p.14, p.18, p.19, p.22, p.23, p.26, p.27, p.29, p.32)　実物大型紙 p.72
バレエシューズ
ブーツ

○ 材料（一足分）
レザーの布…
20×6cm（ビーチサンダル）
25×7cm（バレエシューズ）
25×ロング丈10／ノーマル丈9／ショート丈7cm（ブーツ）

○ 裁ち合わせ図

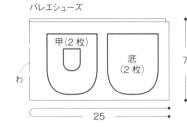

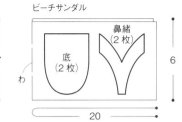

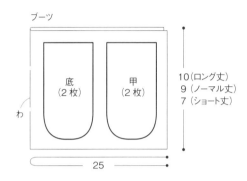

○ でき上がり図

○ 作り方

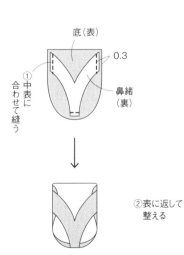

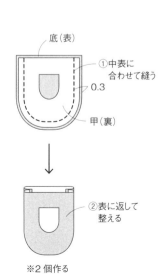

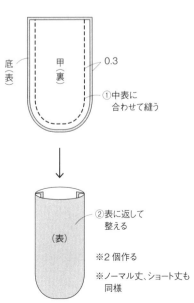

G アロハシャツ (p.7, p.8, p.14, p.15) 型紙A面

H アロハパンツ

○ 材料

コットンのアロハ柄…100×30cm
直径0.7cmのボタン…3個
直径0.6cmのスナップボタン…3組
1cm幅のゴムテープ…23cm

○ 作り方順序

アロハシャツ
1. ポケットを作り、つける
   (p.51の3参照。ただし、シングルステッチ)
2. 前裾を始末し、肩を縫う(p.46の1参照)
3. 袖をつける
4. 袖下から脇を続けて縫い、袖口を始末する
5. 衿を作り、つける
6. 裾を始末する(p.47の5参照)
7. ボタンとスナップボタンをつける(でき上がり図参照)

アロハパンツ
1. 股ぐりを縫う
2. 股下を縫い、ウエストと裾を始末する
3. ゴムテープを通す

○ 裁ち合わせ図

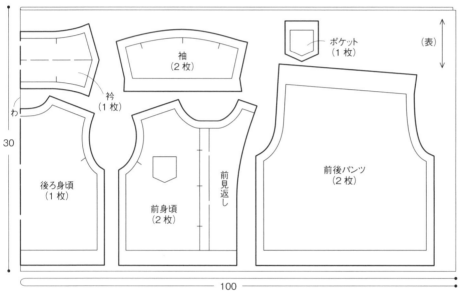

○ でき上がり図

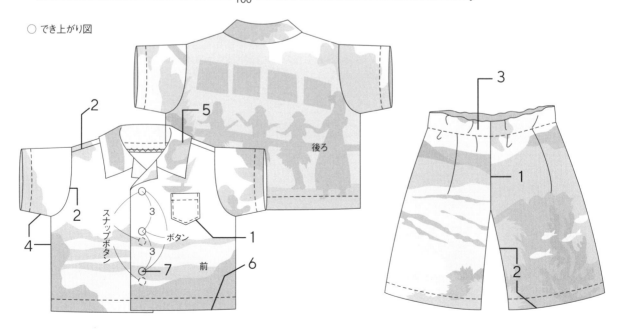

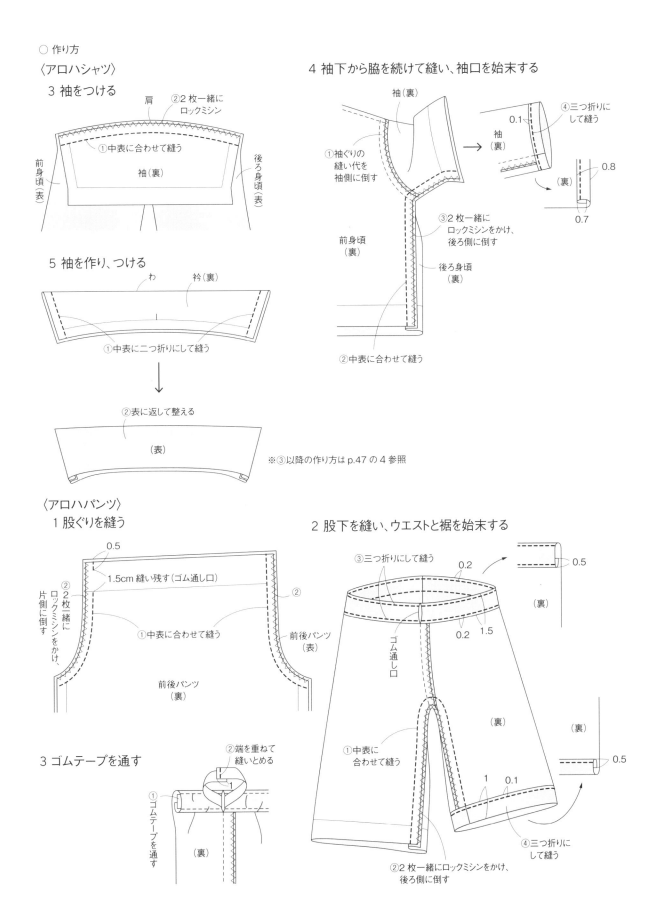

J レースのワンピース (p.18) 型紙B面

○ 材料
コットンのドット織…90×35cm
1.2cm幅のレースA、C(色違い)…
　　各60cm
2.7cm幅のレースB…60cm
0.8cm幅のリボン…35cmを2本

○ 作り方順序
1. 身頃と見返しの肩をそれぞれ縫う
2. 衿ぐりを縫い、見返しを整える
3. 後ろ身頃と後ろスカートを縫い合わせる
4. 袖口を始末し、袖をつける
5. 袖下から脇を続けて縫い、裾を始末する
6. レースA〜C、リボンをつける (でき上がり図参照)

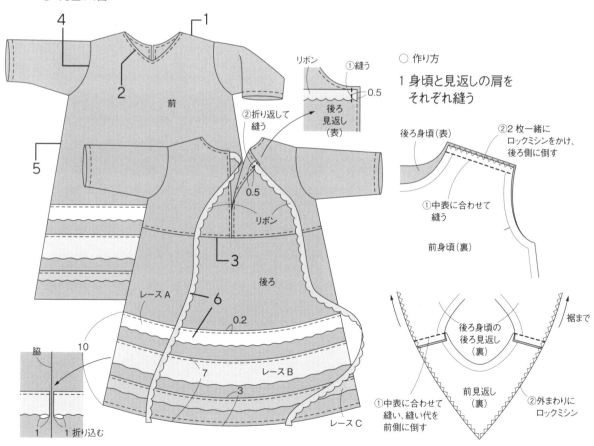

2 衿ぐりを縫い、見返しを整える

3 後ろ身頃と後ろスカートを縫い合わせる

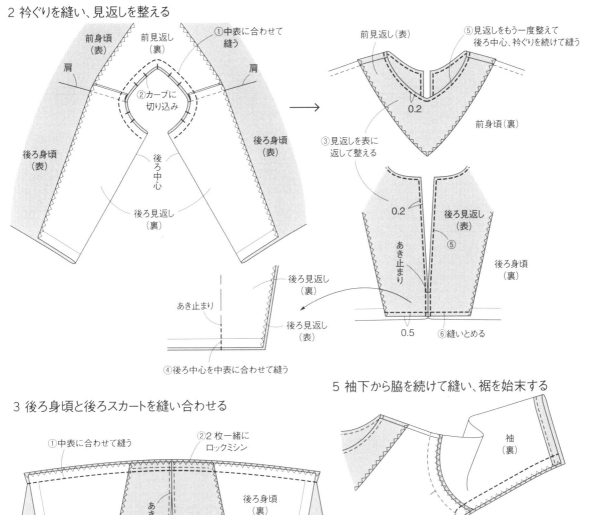

4 袖口を始末し、袖をつける

5 袖下から脇を続けて縫い、裾を始末する

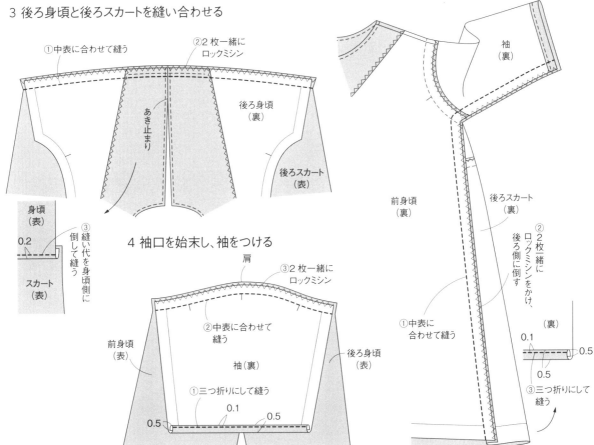

L ダッフルコート (p.20, p.21) 型紙B面

○ 材料
ウール…100×45cm
直径0.5cmのボタン…2個
直径2cmのトグルボタン
（ドール用のボタン）…3個
0.3cm幅の本革ひも…
　　長さ8.5cm 3本、9cm 3本
手縫い糸…適量

○ 作り方順序
＊ウールはほつれにくい布を使用しています。ほつれやすい布の場合はあらかじめ布端にロックミシンをかける、またはほつれ止め液を使用します。

1　ポケットを作り、つける
2　肩を縫い、ヨークをつける
3　袖を作り、つける
4　袖下から脇を続けて縫い、袖口を始末する
5　フードを作る
6　フードをつけ、見返しと裾を始末する
7　トグルボタンをつける

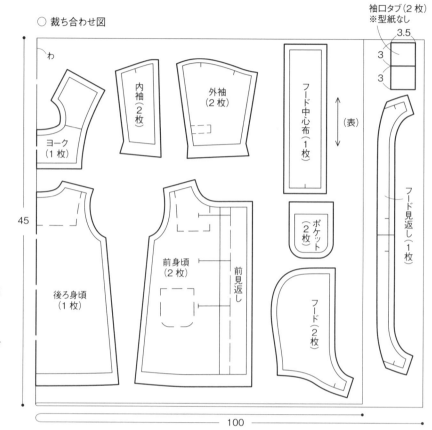

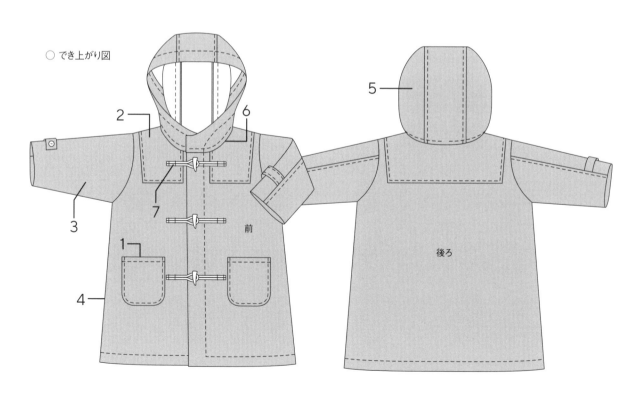

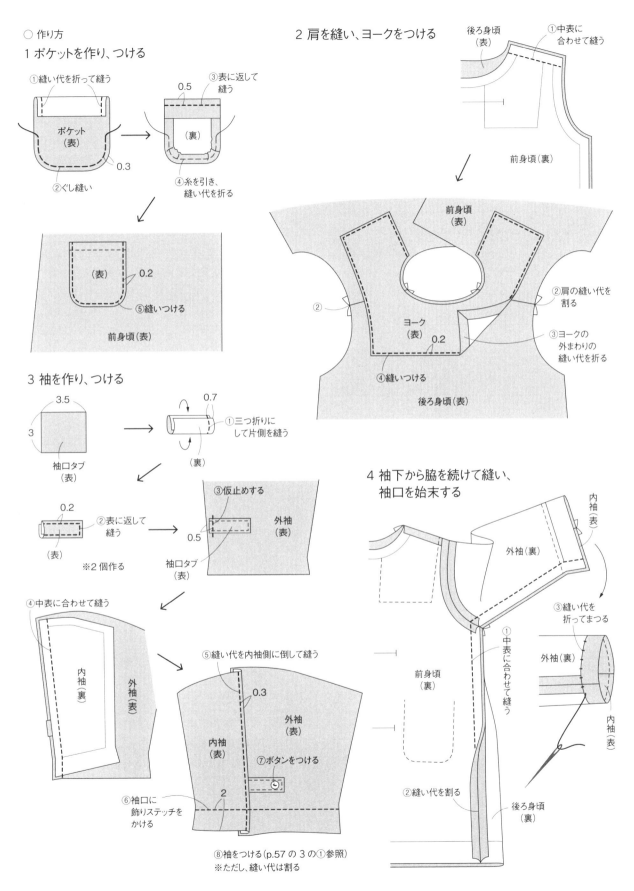

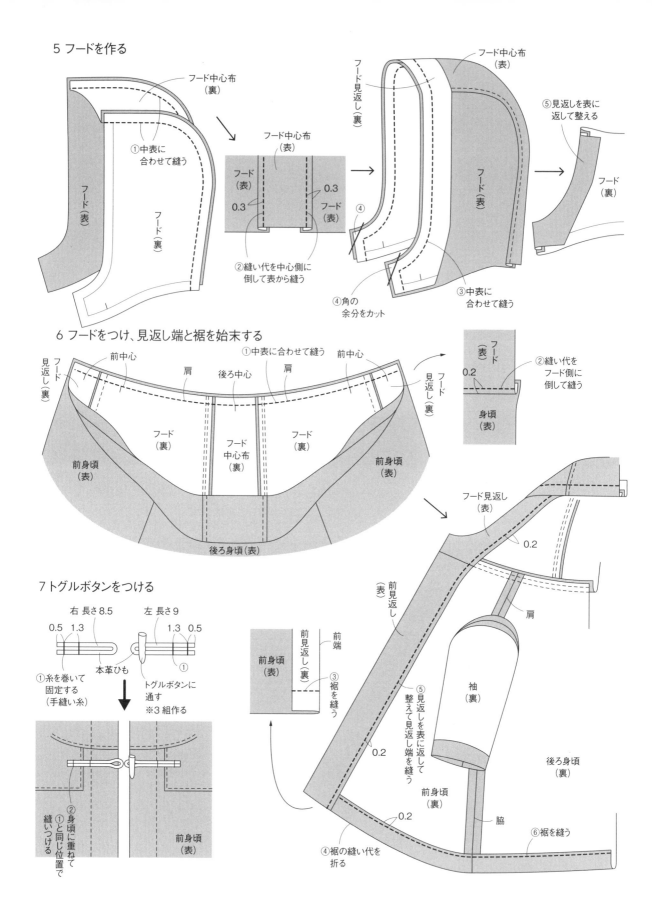

M ブラックドレス (p.22, p.23) 型紙B面

○ 材料
ブラックリネン…70×35cm
5cm幅のブラックレース…20cmを2枚
直径0.8cmのスナップボタン…3組

○ 作り方順序
1. 身頃と見返しの肩をそれぞれ縫う
2. 身頃と見返しを縫い合わせる
3. 脇を縫う
4. スカートを形作る
5. 身頃とスカートを縫い合わせる
6. レースをつける
7. スナップボタンをつける
   （でき上がり図参照）

○ 裁ち合わせ図

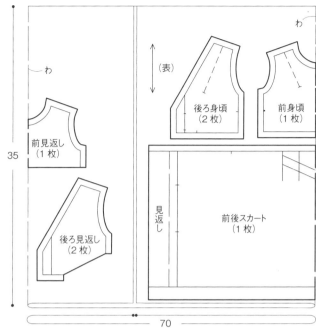

○ でき上がり図

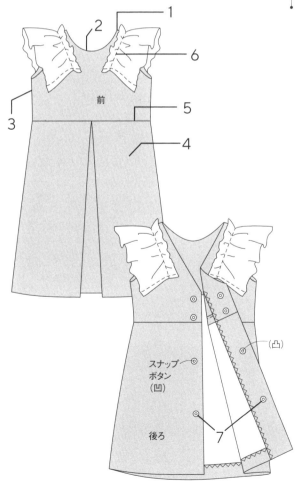

○ 作り方

1 身頃と見返しの肩をそれぞれ縫う

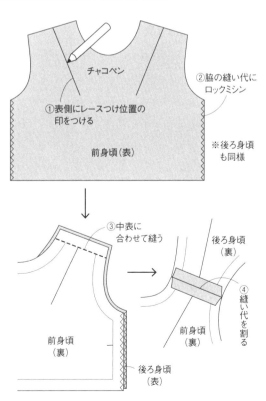

63

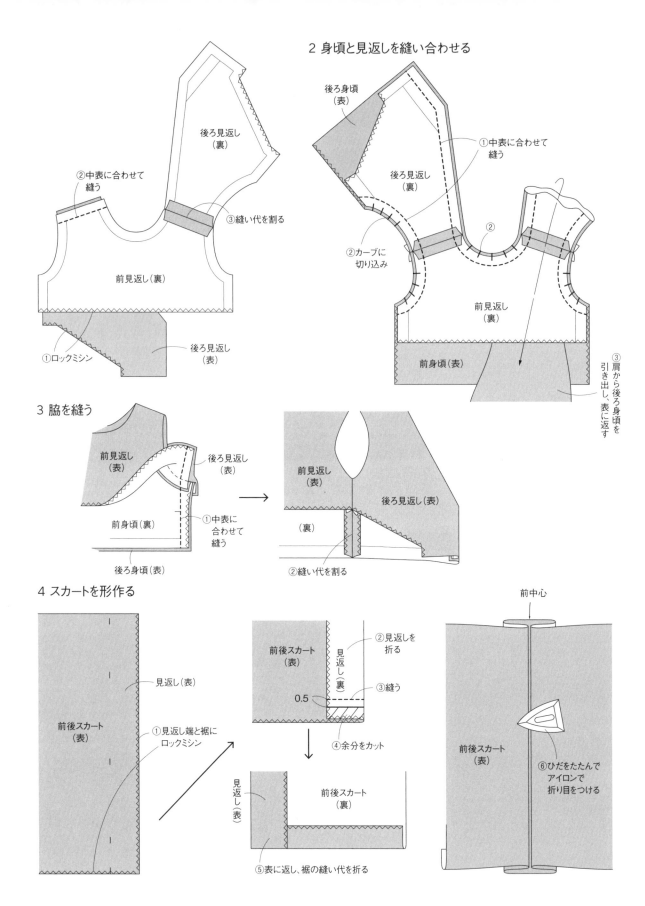

5 身頃とスカートを縫い合わせる

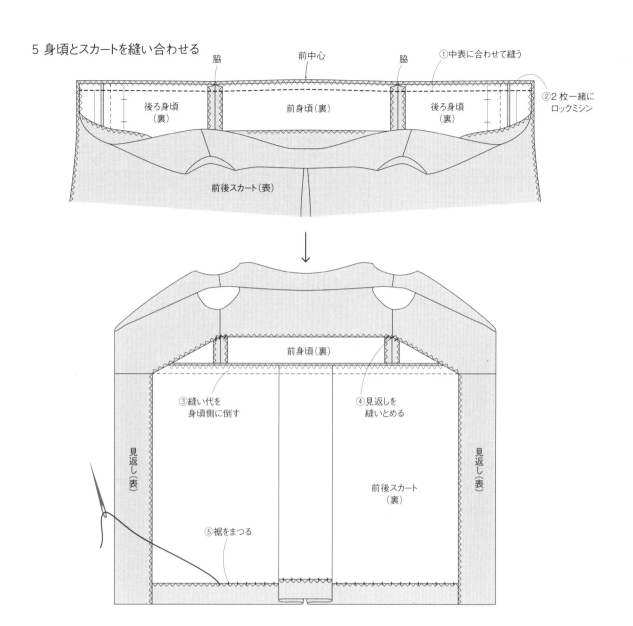

6 レースをつける

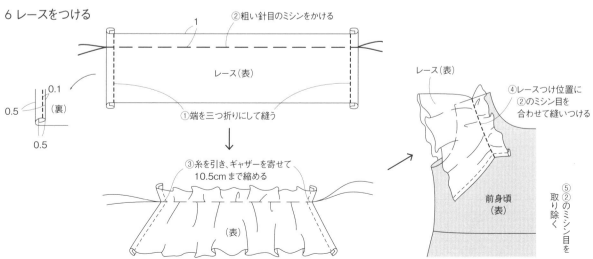

N ステンカラーコート (p.10, p.24, p.25) 型紙B面

○ 材料
表布(厚手のコットン)…
　　110×35cm
裏布(コットンプリント)…
　　85×35cm
直径0.5cmのボタン…6個
直径0.7cmのスナップボタン…3個

○ 作り方順序
1　ポケットを作り、つける
2　肩を縫う
3　表袖を作り、表身頃につける
　　(p.61の3参照。ただし縫い代は袖側に倒す)
4　裏身頃に裏袖をつける
　　(p.57の3①参照。ただし縫い代は袖側に倒す)
5　袖口を始末し、袖下から脇を裏身頃まで続けて縫う
6　前身頃と裏前身頃を縫い合わせる
7　衿を作り、仮止めする
8　衿ぐりを縫い、全体を表に返して裾を始末する
9　ボタンとスナップボタンをつける(でき上がり図参照)

○ 裁ち合わせ図
(表布)

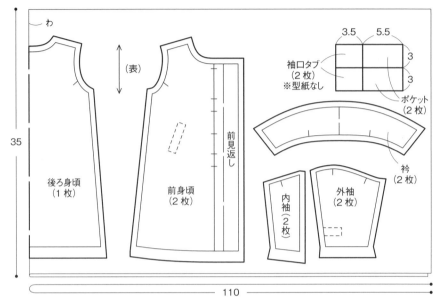

(裏布)

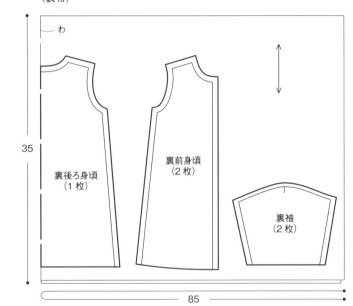

〈下準備〉

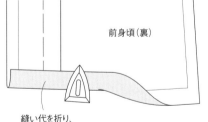

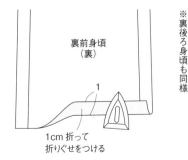

○ 作り方
1 ポケットを作り、つける

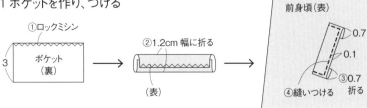

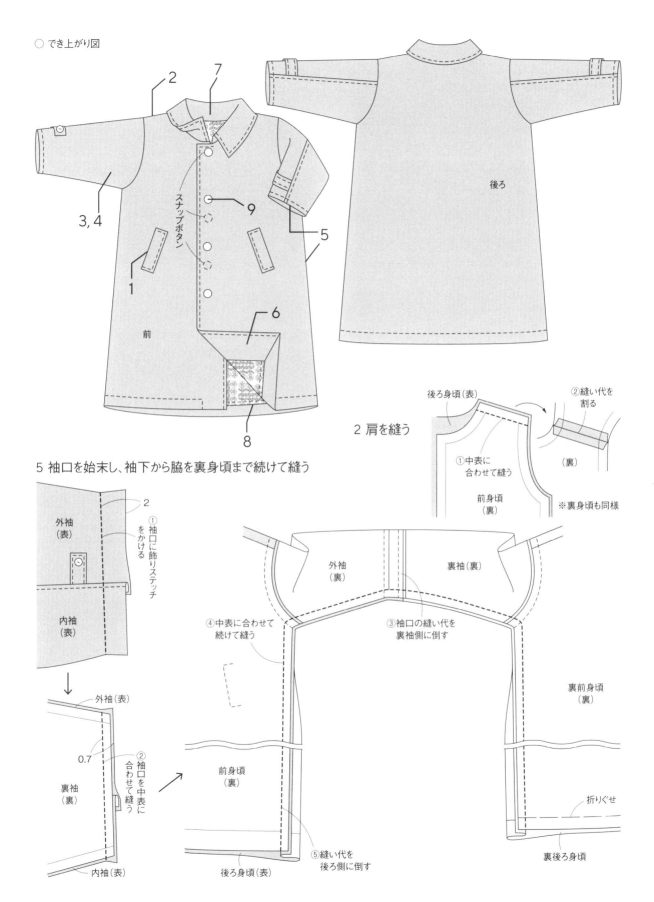

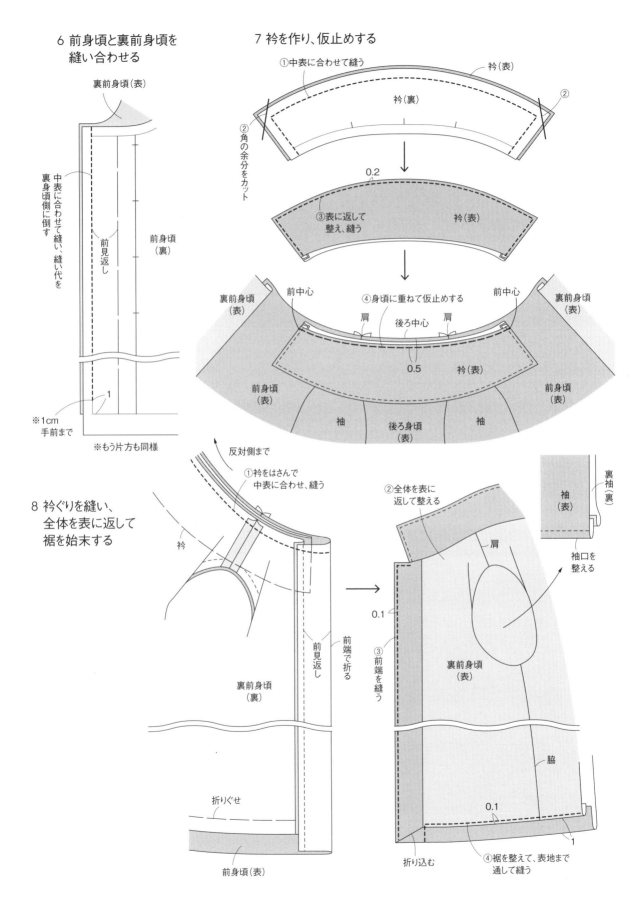

刺しゅうのワンピース (p.26) 型紙B面

○ 材料
ストライプリネン…110×40cm
0.7cm幅のゴムテープ
　…12cmを2本
8番の刺しゅう糸(黒・1本どり)
　※30番ミシン糸でも可
　…適量

○ 作り方順序
1　身頃と見返しの肩をそれぞれ縫う
2　衿ぐりを縫い、見返しを整える
3　袖山にギャザーを寄せ、袖をつける
4　袖下から脇を続けて縫い、袖口にゴムテープを通す
5　スカートの脇を縫い、裾を始末する
　(p.73の1 スカート下参照)
6　スカートにギャザーを寄せて、身頃と縫い合わせる
7　刺しゅうをする
8　ひもを作る

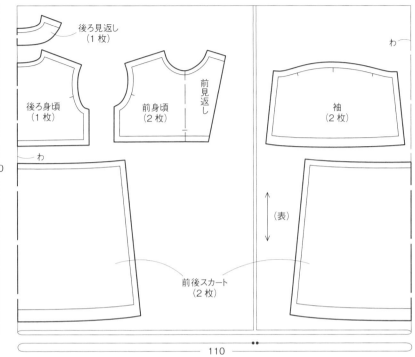

○ 作り方
1 身頃と見返しの肩をそれぞれ縫う

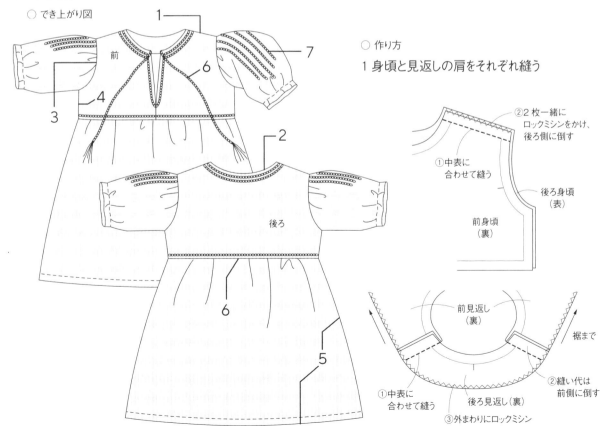

2 衿ぐりを縫い、見返しを整える

後ろ見返し(裏)

後ろ身頃(表)

①中表に合わせて縫う

②カーブに切り込み

前身頃(表)

前見返し(裏)

③見返しを表に返して整える

前見返し(表)

前身頃(裏)

あき止まり

0.5

⑤縫いとめる

前見返し(裏)

前見返し(表)

前身頃(裏)

あき止まり

④前中心を中表に合わせて縫う

3 袖山にギャザーを寄せて、袖をつける

①粗い針目のミシンを2本かける

0.3

0.2

袖ギャザー止まり

袖ギャザー止まり

袖(裏)

②糸を引き、ギャザーを寄せる

肩

④2枚一緒にロックミシンをかけ、袖側に倒す

前身頃(表)

③中表に合わせて縫う

後ろ身頃(表)

袖(裏)

4 袖下から脇を続けて縫い、袖口にゴムテープを通す

袖(裏)

②2枚一緒にロックミシンをかけ、後ろ側に倒す

①中表に合わせて縫う

0.5

前身頃(裏)

1cm縫い残す(ゴム通し口)

後ろ身頃(表)

③袖口にロックミシン

袖(裏)

0.2

④縫い代を折って縫う

ゴム通し口

⑤ゴムテープを通す

(裏)

⑥端を重ねて縫いとめる

ゴムテープ

6 スカートにギャザーを寄せて、身頃と縫い合わせる

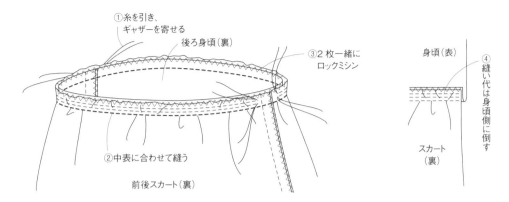

7 刺しゅうをする

8 ひもを作る

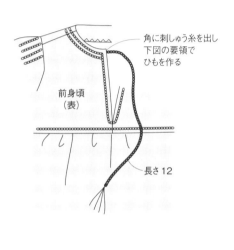

<ひもの作り方>

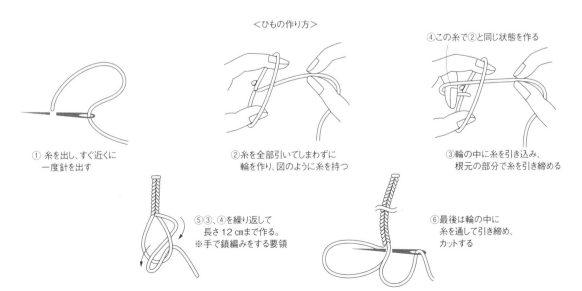

① 糸を出し、すぐ近くに一度針を出す

② 糸を全部引いてしまわずに輪を作り、図のように糸を持つ

③ 輪の中に糸を引き込み、根元の部分で糸を引き締める

④ この糸で②と同じ状態を作る

⑤ ③、④を繰り返して長さ12cmまで作る。
※手で鎖編みをする要領

⑥ 最後は輪の中に糸を通して引き締め、カットする

P バッグ (p.4, p.27) 実物大型紙なし　裁ち合わせ図の寸法通りに裁断してください

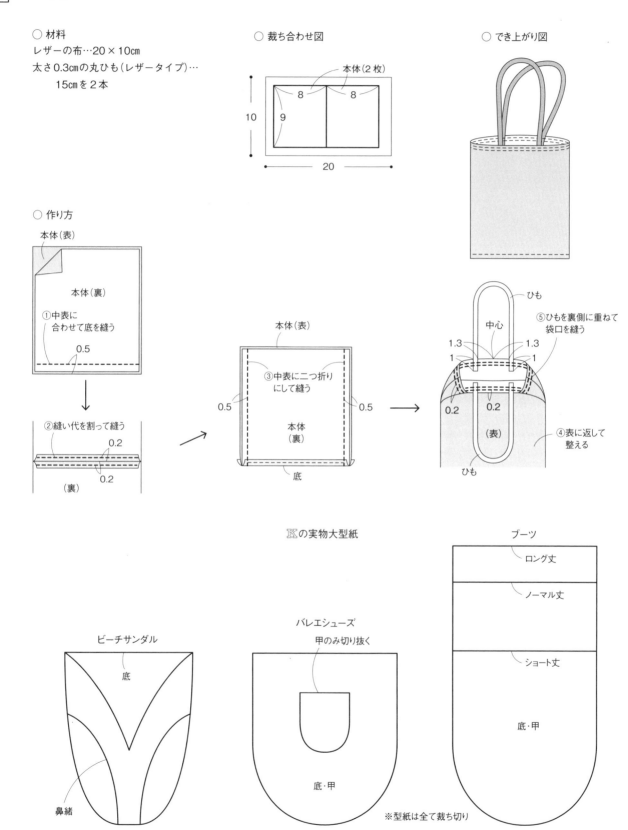

S ティアードスカート (p.32) 実物大型紙なし 裁ち合わせ図の寸法通りに裁断してください

○ 材料
コットンプリント…100×20cm
0.7cm幅のゴムテープ…23cm

○ 作り方順序
1 スカート上下の脇をそれぞれ縫い、ウエストと裾を始末する
2 スカート下にギャザーを寄せて、スカート上と縫い合わせる
3 ゴムテープを通す(p.57の3参照)

○ 裁ち合わせ図 ※( )の数字は縫い代

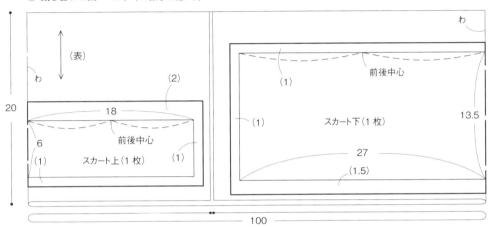

○ でき上がり図

○ 作り方

1 スカート上下の脇をそれぞれ縫い、ウエストと裾を始末する

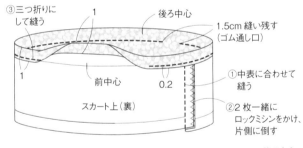

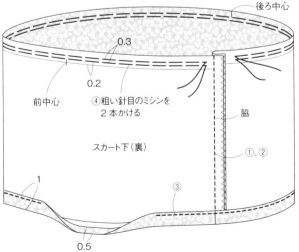

2 スカート下にギャザーを寄せて、スカート上と縫い合わせる

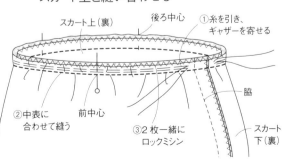

浴衣と帯 (p.28, p.29) 実物大型紙なし 裁ち合わせ図の寸法通りに裁断してください

○ 材料

浴衣
コットンのドットプリント…70×80cm

帯
コットンの刺しゅう地…35×35cm
2.5cm幅の面ファスナー…長さ4.5cm

○ 作り方順序

浴衣
1 袖を作る
2 前身頃のおくみ部分を作る
3 脇を縫う
4 後ろ中心を縫う
5 袖をつけ、袖下と身八つ口を始末する
6 裾を始末する
7 衿を作り、つける
8 腰上げを作る(でき上がり図参照)

帯
1 帯、リボン、リボン中央をそれぞれ作る
2 帯に面ファスナーをつける
3 リボンを形作り、帯に縫いつける

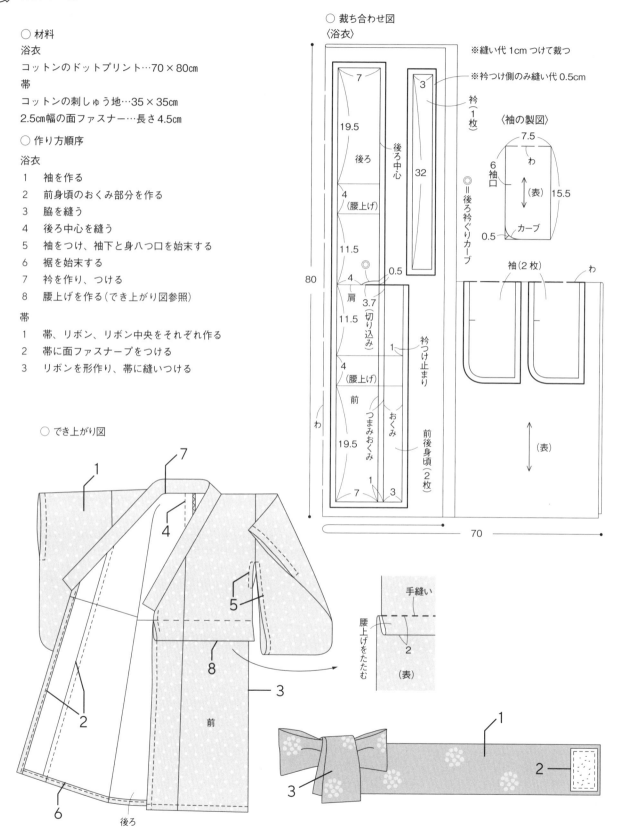

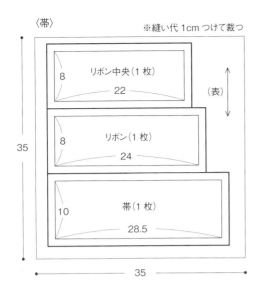

○ 作り方　〈浴衣〉

1 袖を作る

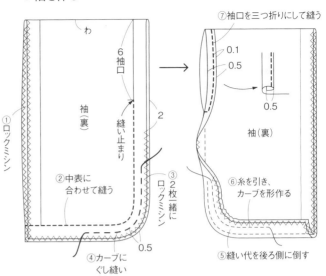

2 前身頃のおくみ部分を作る

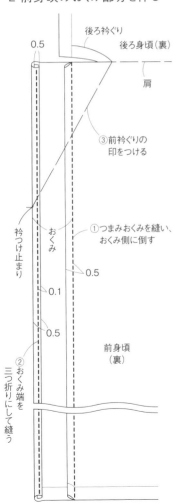

3 脇を縫う

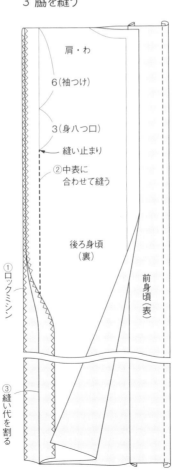

4 後ろ中心を縫う

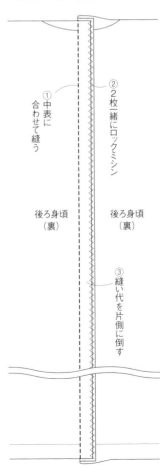

5 袖をつけ、袖下と身八つ口を始末する

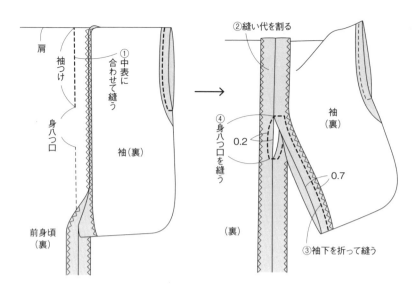

6 裾を始末する

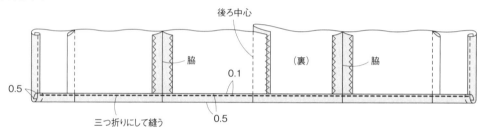

7 衿を作り、つける

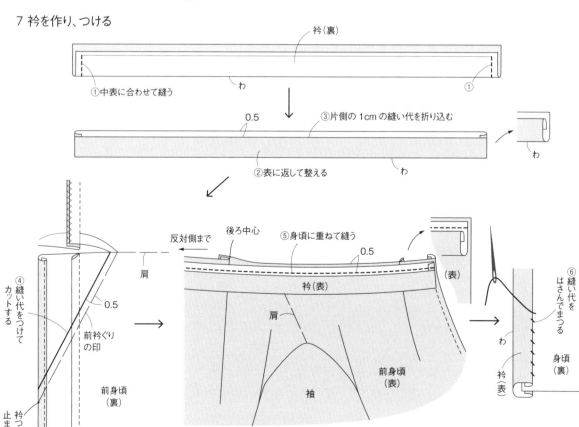

〈帯〉

1 帯、リボン、リボン中央をそれぞれ作る

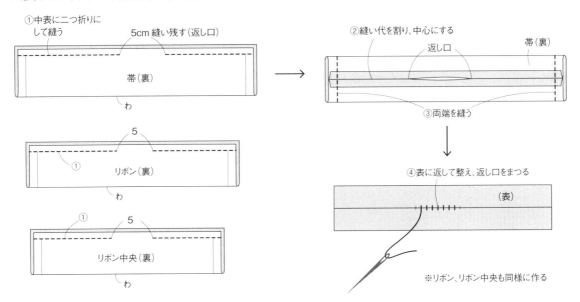

2 帯に面ファスナーをつける

3 リボンを形作り、帯に縫いつける

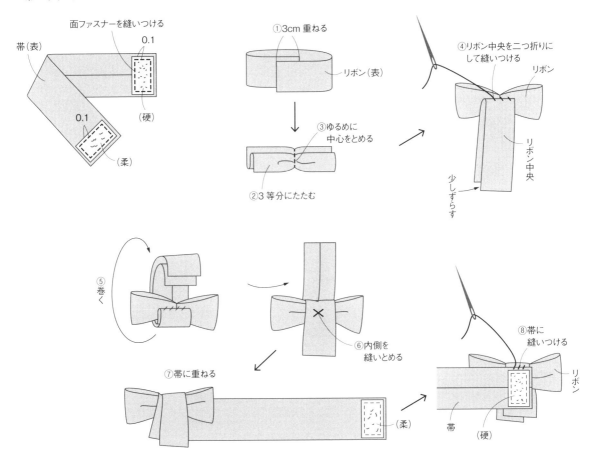

R キャミソールとショーツ (p.30, p.31) 型紙A面（ショーツのみ）

○ 材料
5.5cm幅のレーステープ…
　　100cm（キャミソール）、
　　100cm（ショーツ用）
3cm幅のレーステープ（ショーツのウエスト用）
　　…20cmを2本
1cm幅のレーステープ（キャミソールの肩ひも用）
　　…11cmを2本
飾りリボン…1個
1cm幅のゴムテープ…23cm
＊レーステープは片耳スカラップのものを使用

○ 作り方順序
キャミソール
1　前後身頃のダーツを縫う。
　　フリルはギャザーを寄せる
2　前後身頃とフリルを縫い合わせ、肩ひも
　　とスナップボタンをつける

ショーツ
1　股ぐりを縫う
2　股下を縫い、ウエストを始末する
3　ゴムテープを通す(p.57の3参照)
4　飾りリボンをつける
　　（でき上がり図参照）

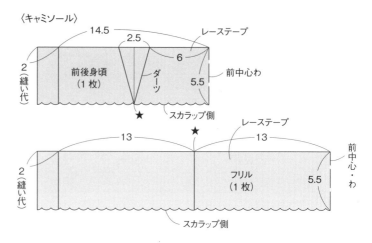

○ でき上がり図

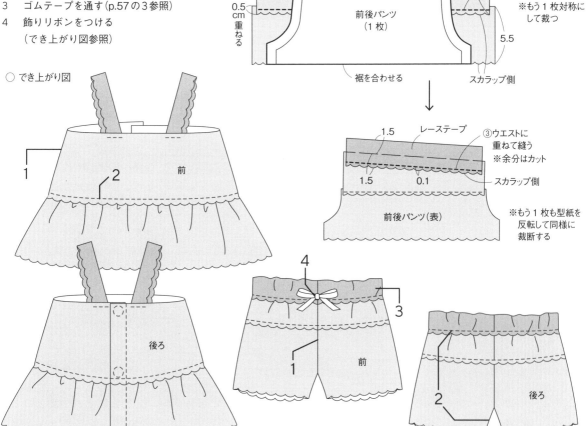

○ 作り方
〈キャミソール〉
1 前後身頃のダーツを縫う。フリルはギャザーを寄せる

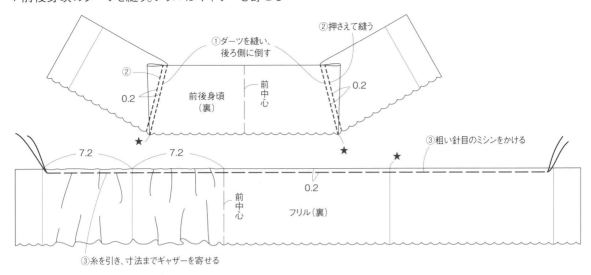

2 前後身頃とフリルを縫い合わせ、肩ひもとスナップボタンをつける

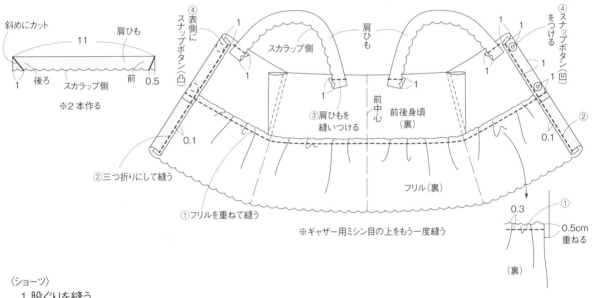

〈ショーツ〉
1 股ぐりを縫う

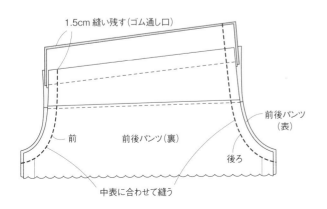

2 股下を縫い、ウエストを始末する

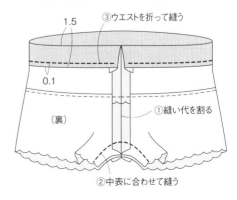

Quoi?Quoi?（コアコア）

デザイナー久文麻未とパタンナー三代朝美によるソーイング
ユニット。ともに文化服装学院で服飾を学び、アパレルメー
カーで先輩後輩として勤務。退職後にユニットを結成。
"Quoi?Quoi?" とはフランス語で「なぜ？なぜ？」という意味。
シンプルかつラインにこだわったパターンでファンが多い。
『ストンとワンピース』『ほんのりスイート　デイリーウェア』
（文化出版局）などヒット作多数。

Staff

ブックデザイン	葉田いづみ
撮影	大段まちこ
スタイリング	田中美和子
モデル	クララ・ジャクソン
作り方解説＆技術編集	網田ようこ
トレース＆DTP	加山明子
型紙	中村有里
校正	岡田範子
布地提供	CHECK&STRIPE 吉祥寺店

小さくても仕立ては本格的

大人の着せ替え布人形　　NDC594

2019年10月11日　　発　行

著　者　　Quoi?Quoi?（コアコア）
発行者　　小川雄一
発行所　　株式会社 誠文堂新光社
　　　　　〒113-0033　東京都文京区本郷 3-3-11
　　　　　[編集]電話 03-5805-7285
　　　　　[販売]電話 03-5800-5780
　　　　　http://www.seibundo-shinkosha.net/
印刷・製本　図書印刷 株式会社

© 2019, Mami Hisafumi, Asami Mishiro.　　Printed in Japan
検印省略　禁・無断転載

落丁・乱丁本はお取り替え致します。本書に掲載された記事の著作権は著者に帰属
します。これらを無断で使用し、展示・販売・レンタル・講習会等を行うことを禁
じます。

本書のコピー、スキャン、デジタル化等の無断複製は、著作権法上での例外を除き、
禁じられています。本書を代行業者等の第三者に依頼してスキャンやデジタル化す
ることは、たとえ個人や家庭内での利用であっても著作権法上認められません。

JCOPY 〈（一社）出版者著作権管理機構 委託出版物〉
本書を無断で複製複写（コピー）することは、著作権法上での例外を除き、禁じられ
ています。本書をコピーされる場合は、そのつど事前に、（一社）出版者著作権管理
機構（電話 03-5244-5088／FAX 03-5244-5089／e-mail:info@jcopy.or.jp）の許
諾を得てください。

ISBN978-4-416-71921-3